とにかく休め!!

休む罪悪感が吹き飛ぶ
神メッセージ88

Testosterone
テストステロン

きずな出版

はじめに 休むこと、すべてはそこから始まる

おう、お疲れ。俺だ。Testosteroneだ。突然だが聞かせてくれ。

いま、疲れてないか？

こんなタイトルの本を手にしているくらいだ。多かれ少なかれ疲れてるんじゃないかと思っている。今から俺がこの本を書いた理由を説明させてもらうが、疲れてて読む気がしないなら〝はじめに〟はすっ飛ばしていきなり本章から読んでくれてOKだ。自分の疲れ具合に合わせて好きに読んでくれ。

さて、俺は普段からスーパーハードな筋トレ、会社経営、ヘルスケアアプリの監修・マーケティング、執筆活動（年に2〜4冊）、X（旧Twitter）での情報発信など、多岐《たき》にわたる活動をしているので、俺が忙しいスケジュールの中いったいどうやってパフォーマンスを保っているのかを解き明かす「最強の休息法」という本を出しませんか！　というオファーをたくさんの出版社さんからもらってきた。だがしかし！　すべて丁重にお断りさせていただいた。理由は超シンプルで、

(1) 7時間睡眠
(2) 定時就寝定時起床
(3) 健康的な食生活を心掛ける
(4) 週2〜4回の運動（お散歩でも効果は抜群！）

以外に何も言うことがないからである。この4つのルールさえ守っておけば95点は取れてると思っていい。そして、残りの5点なんてのは、あなたが世界レベルのアスリートやアーティストを目指しているとかでない限りはまったく必要ない。マインドフルネスだとか、サウナ水風呂だとか、コールドシャワーだとかもいいんだけど（勘違いしないでくれ。俺はそれらが大好きだし実際にやってる。ただし4つのルールを守ったうえで）、それより先にやることあるよね⁉ 伝えなくちゃいけないことあるよね⁉ ってのが俺の昨今の〝最強の休息法〟的な本への率直な感想なのだ。疲れてる人に聞きたいんだけど、最強の休息法！ とか、字面見ただけで疲れない？ 俺は疲れる。さて、話が長くなってしまったが、俺の意見はズバリこうだ。

疲れている人に必要なのは最先端の科学を

駆使した最強の休息法ではなく、休む勇気。休むマインドセットである。

だから俺はこの本であなたたちを休ませにきた。あなたを強制終了して休息モードに切り替えた状態で再起動をかけにきた。そんなに休んで大丈夫⁉ って身内から心配されるぐらい休ませにきた。

難《むずか》しい話をするつもりはさらさらない。この本の目的はただ2つ。休むことの重要性を理解してもらうことと、休むべきときに「休んでもいいんだ。いや、休まねばならないのだ」と思えるマインドを育《はぐく》むことだ。

話は超シンプル。心身の健康を保ちたければ、最高のパフォーマンスを発揮したければ、

休むべきときに休む

これさえできればいいのだ。だが、それができないマジメで優しいがんばり屋さんがたくさんいるようなので、俺はこの本を書いた。ありとあらゆる手法を使ってあなたを物理的にも心理的にも休ませようと思っているので覚悟してほしい。

この本を読み終わったとき、いや、読んでる途中であなたには休む以外の選択肢がなくなっていることを保証しよう。さて、始めようか。

Contents

Contents

Contents

Chapter. 3

絶対に、休め。

――休むのを邪魔するすべてをかなぐり捨てろ

Chapter. 4

言わせんなよ、休め。

――あなたの人生の主役はあなただ

Contents

Contents

Chapter. 6

人付き合いを、休め。

——人間関係の質＝人生の質である

Chapter. 7
「お、がんばれる」な時期にしたいこと
――気分が乗ってるときにやっとけ！

Chapter.
1

人はマジでもろい、休め。

自分が「壊れる」ことを傍観するな

01

心は壊れやすく、戻りにくい

心ってガラスみたいなもので、ストレスをかけ続けるとある日突然バリンと壊《こわ》れちゃう。そして、一度壊れると回復に時間がかかるうえに耐久性が落ちることもあるから絶対に無理したらダメ。

つらいときは必ず休んで。
断言する。
心身の健康以上に大切なものなんてこの世に存在しない。
お願いだから無理しないで。

俺はあなたにずっと笑顔でいてほしい。

02

「あなたの代わり」は売っていない

疲れてるときは必ず休んでください。苦しいときは必ず休んでください。
絶対に無理しないでください。

心や体って一度壊れるとなかなか元に戻らないし、より壊れやすくなってしまうこともあるから本当に注意が必要です。

新品と交換できればいいんだけれど、心や体は売ってません。
今持っているものを大切にするしかないのです。

休んでください。無理しないでください。

03

風邪と同じように考えるな

一度でもメンタルが崩壊すると本当に大変だからがんばりすぎないでね。

心が壊れると生活から笑顔が消える。昔は当たり前にできていたことができなくなる。

しかも、ほっとけばすぐに治る風邪とは違って心の回復には長い時間と多大な労力が必要になる。そんな思いは誰にもしてほしくない。

つらいときは必ず休んで。約束ね。

04

「イヤな自分」が見えたら要注意

些細《ささい》なことでイライラする。心がせまい。人に優しくできない。
そんな自分がイヤって思っているそこのあなた！
それってあなたの性格の問題じゃなくて、ただ単に疲れてるだけだよ！
疲れたら心に余裕がなくなるのは当たり前。
そんなあなたに必要なのはおいしいご飯とたっぷりの睡眠だ。

今夜は栄養あるものを食べてグッスリ寝てね。

05

メンタルの不調は あなたの 弱さじゃない

うつ病やパニック障害なんて自分には関係ないとか思ってたらダメです。精神が強いとか弱いとか関係ない。条件が整えば誰にだってなる可能性がある。

長時間労働、睡眠不足、私生活の問題などが重なれば人の精神は簡単に崩壊する。

自分は大丈夫だと思って無理しないようにね。

つらいときは休んでね。約束だよ。

06

うつ病＝サボり？いい加減にしろ

何億回言ってもわからない人がいるから言い続けるけど、

うつ病は甘えではなく甘えられない人がなる病気だし、サボりたいからうつ病のふりをするのではなく、サボれない性格の人ががんばりすぎて患《わずら》ってしまいがちなのがうつ病です。

的外《まとはず》れな言葉で傷つけるの本当にやめて。
ちょっとは勉強してから発言して。

07

必ず状況は好転する

人生のどん底にいる人、苦しい人、つらい人。大丈夫だよ。心配しないで。
今は信じられないかもしれないけどまた笑顔になれる日が必ずくる。
最高の状態が続かないのと同じで最悪の状態もずっとは続かない。
状況は必ず好転する。
時が経《た》つにつれて傷も癒えていく。
今の状況を思い出話にできる日が必ずくる。
大丈夫だからね。

08

不安はあって当然

不安な人、大丈夫だよ。それが普通だ。

ご飯を食べなかったらお腹がすくのと同じぐらい、生きていれば不安になって当然です。

不安がない人なんていない。

不安を特別視して、不安に集中すればするほど不安は大きくなっていって、あなたはもっと不安になってしまうよ。

多少の不安はあって当然だから考えすぎないでね。

大丈夫だからね。

09

何事も深刻に考えないこと

これ超重要なんだけど、深刻な問題を解決するためにあなた自身が深刻になる必要はないんだよ。

むしろ真逆。どんなに深刻な状況でも笑顔とユーモアを忘れずに気楽にやったほうが何事もうまくいく。

だからどうか肩の力を抜いて。深呼吸して。
あたたかい飲み物でも飲んでホッと一息ついて。気楽にいこうね。

10

絶対に無力じゃない

すごく大切な話をするね。
〝無力感〟についてだ。
無力感は人生を狂《くる》わせる。

無力感に取り憑かれると自分を好きになれないので気分は常に最悪になる。さらに、無力感は無気力に繋《つな》がるので、何か行動を起こす気にもなれず、そんな悲《ひ》惨《さん》な状況から抜け出すこともできなくなる。一度ハマるとなかなか抜け出せない地獄である。

「どうせ自分には何もできない」
「自分なんて価値のない存在だ」
「がんばったって無駄だ」

「これからの人生お先真っ暗だ」とか日常的に思っている人は、この〝無力感〟という呪《のろ》いにかかってしまっていると考えていい。

で、この無力感という呪いは、他人にかけられてしまうケースがほとんどだ。たとえば、親に否定的なことを言われ続けて育ったり、上司や友人から日常的にバカにされたりしていると、少しずつ心にダメージを負い、「自分は無力だ」というイメージを刷り込まれて洗脳されてしまう。

無力感に取り憑かれると人生がとてもつらいものになってしまうので、他人に何を言われても「自分はスゴい」「自分ならできる」「自分には価値がある」と信じ続けてほしい。

そして、すでに無力感を感じているすべての人に言わせてくれ。

あなたは無力じゃない。

ほんのちょっとの意志と勇気を持って行動を起こせば、あなたはなんだってできる。なんにだってなれる。

俺が保証する。

世界を変えることはできないかもしれないが、自分の世界（人生）をよりよいものにすることは必ずできる。１００％だ。

無力感という呪いさえ解《と》いてしまえばあなたの未来は明るい。めちゃめちゃ明るい。

あなたが今後の人生で無力感とは無縁でいられることを、そしてすでに無力感を覚えてしまっている人は、その呪縛から解放されることを心から願っているね。

「しんどさ」なんて主観でいい

Chapter. 2

耐えるな、休め。

11

限界を先延ばしにするな

苦しいときは休んでね。がんばりすぎないでね。

「もう少しがんばろう」「周りに迷惑が……」「言い出しづらいな……」とか思って休むのを先延ばしにしていると、休む気力と体力すらなくなってきて徐々に正常な判断力を失っちゃうよ。そして、気づいたときには限界を超えていて心か体が壊れちゃうよ。

苦しいときは無理しないですぐに休んでね。

12

死ぬ気でやったら死ぬ

死ぬ気でやるなよ。死んじゃうから。

人間の心と体はもろい。ストレスをかけ続けるとある日突然ポキっと折れてしまう。特に心。で、心が折れると身体もそれに続く。

断言するが、人生において一番大事なのはあなたの命だ。健康だ。命を賭けるに値することなんてこの世に存在しない。

無理すんな。つらいときは休め。ヤバいときは逃げろ。約束な。

13

休む選択は迅速《じんそく》に

「もうムリ……」「耐えられない……」ってぐらいつらいときは他人に何を言われても休もう。

「休む」という選択は自己判断で素早く決めなきゃダメだ。

あなたの精神状態に関して他人の意見はまったく参考にならない。

あなたの精神状態はあなたにしかわからない。　つらいときは誰がなんと言おうと強い意志を持って休むのだ。

自分の健康は自分で守ろうね。

14

人生は一度きり。楽しく生きよう

たくさん笑おう。いっぱい遊ぼう。愚痴《ぐち》を減らそう。我慢《がまん》をなくそう。
人生は短い。負の感情に時間を使ってたら超もったいない。
できる範囲でいいからネガティブ思考ではなくポジティブ思考で生きよう。

心配するなワクワクしろ。
悲観するな楽観しろ。
絶望するな希望を持て。

一度きりの人生だ。せっかくだし明るく楽しくいこう。

15

自分の幸せを第一に考える

自分さえ我慢すれば丸く収まるとか思って我慢したらダメだよ。
他人はあなたの幸せのためには動かない。人はみんな自分の幸せのために動く。
よって、他人の幸せばかり優先しているとあなたは一生幸せになれない。
自分の幸せを優先することはワガママなことなんかじゃないんだよ。
あなたには幸せになる権利があるんだ。どうか幸せになってね。

16

耐えるな。別の場所を見つけろ

今の環境が耐えられないほどつらかったり、合わないと感じたりするなら別の場所に移ろうね。「逃げるな」「他では通用しない」とか言ってくる人もいるかもしれないけど、そんなのはシカトでいい。

逃げるんじゃない。違う方向に進むんだよ。

通用しないって言うのも何の根拠《こんきょ》もない脅《おど》しだから。今の100倍楽しくて活躍できる場所は必ずあるよ。探すのをあきらめないでね。

17

「大人だから耐える」は幻想

我慢できるのが大人だって思ってない？

逆だよ。

我慢できないことがあったら話し合うなり環境を変えるなりして、我慢しなくてもいい方法を探し出せるのが大人だよ。

我慢は美徳みたいな文化があるけど、そんなもんみんなが大人しく我慢してたほうが得するやつらが作り出したウソ。

我慢するな。我慢しなくて済む方法を探せ。

18

人に優しく。自分にもっと優しく

イヤなことはイヤだと言え。欲しいものは欲しいと言え。
他人に遠慮《えんりょ》せずに自分の気持ちや欲求に素直になれ。

他者を思いやるあなたの優しさは素敵だけど、どうかその優しさを自分自身にも向けてやってくれ。
自分の幸せのために主張すべきときは主張していかないと損ばかりの人生になる。

泣かない赤ちゃんはミルクをもらえない。

19

批判を見るのは今じゃない

メンタルが弱ってるときは批判を見るな。聞くな。

普段なら「うるせえボケ」「外野は黙っとけ」と思えるような的外れな批判でも、メンタルが弱ってて心に余裕がないときだと大ダメージをくらう。

批判から学ぶことがあるのも確かだが、批判を聞くのはメンタルが絶好調で心に余裕があるときだけでいい。

それ以外のときは無視一択《いったく》。

20

考えごとも
今じゃない

気分が落ち込んでいるときに考えごとや大事な意思決定をしたらダメです。絶対ダメです。

そんなときに考えごとをしてもネガティブな考えしか思い浮かばなくて更に落ち込むだけだし、そんな精神状態で下した決断は間違いであることが多く、のちのち後悔するハメになります。

考えごとや意思決定は気分がいいときにしましょう。

21

「つらさを許容する器《うつわ》」には個人差がある

つらいときは休め。つらさの基準は主観でいい。
「みんながんばってるし」「自分が休むと周りに迷惑が……」とか考えるな。
人の外見がそれぞれ違うのと同じで、ストレス耐性もそれぞれ違う。
何がつらくて何がつらくないかには個人差がある。
自分がつらいなら誰が何と言おうとつらいんだよ。
つらいときに無理したらダメです。絶対にダメです。

22

執着《しゅうちゃく》から解放されよう

「まあいっか」思考を身につけよう。人や物ごとに執着するのをやめてみよう。

すべてのストレス、悲しみ、苦しみ、怒《いか》りは執着から生まれる。

他人や物ごとへの執着をなくせば心がめちゃくちゃラクになるよ。

適度にいい加減でいるほうが人生はうまくいくよ。

合言葉は「まあいっか」で肩の力を抜いて気楽にいこう。

ゆる〜くやっていこうね。

Chapter. 3

絶対に、休め。

休むのを邪魔するすべてをかなぐり捨てろ

23

悩んでも無駄

速報です！　悩んでもいいことなんて一つもないことが判明しました！

悩んでも何も解決しません！

何も解決しないどころか、悩むと不安や心配がもっと大きくなって、ストレスになるだけっぽいです！


明日のことは明日の自分がなんとかするので悩むのやめましょう！

悩むぐらいならうまいもんでも食ってさっさと寝ましょう！

24

不安の先取りをしない

心配ごとの9割は起こりません。

それに、起こったとしてもほとんどのことはなんとかなるのでまったく問題ありません。

心配とは、起こるかどうかもわからない問題に自分を苦しめさせるめちゃめちゃ損な行為です。

不安の先取りはやめましょう。
大丈夫だよ、きっとうまくいく。心配しないで。

25

最終的には
すべてなんとかなる

今がどれだけ大変でもなんとかなるから心配すんな。なんとかならなくてもそれはそれでなんとかなって最終的にはすべてうまくいく。

どんなときでもケーキはおいしいし、推しは輝いているし、ネコは可愛い。

前向きに生きてりゃいいことだって必ずある。また笑える日が必ず来る。だからどうかそんなに思い詰めないで。

どんな悲劇も困難も、数年後にはただの思い出話になっているよ。

100%なんとかなるから、肩の力を抜いて気楽にいこう。大丈夫。

26

期待に応《こた》えるな。裏切れ

周りからの期待を裏切ることを覚えよう。

期待を裏切ることにいちいち罪悪感なんて覚えてたら自分の人生が送れなくなっちまうぜ。


あなたの人生の主人公は、あなたであって他人じゃない。

他人の思い通りに動く義務など一切ない。

自分の思いより尊重すべき他人の期待などこの世に存在しない。生きたいように生きろ。やりたいようにやれ。

27

無責任上等！

「もうムリ……」ってぐらい苦しいときは、すべてを投げ出してでも休め。逃げろ。

多少無責任でもいい。ぜんぜんいい。責任よりもあなたの健康のほうが10万倍大切だ。

本当にヤバいときは自分の健康のことだけ考えろ。

人には他人に対する責任の前に自分に対する責任がある。自分の健康は自分で守り抜くというあなた自身にしか果たせない最重要任務だ。

健康を大切にしてね。ムリしないでね。

28

生活習慣で心身のバランスは整う

人のメンタルや体調は想像の100倍以上ホルモンバランスや自律神経に支配されている。

メンタルや体調が不調なときは余計なことをごちゃごちゃ考えず、午前中に太陽の光を浴びて、よく食べて、お散歩して、7時間は寝る生活を1週間ほど続けてみてくれ。

メンタルも体調も魔法のように回復して世界が変わるよ。本当だよ。

29

心と体の定期検診

「睡眠不足」「栄養不足」「運動不足」「笑顔不足」

どれか1つでワンストライク。2つでツーストライク。3つでアウトだと思ってください。

人の心と体はあなたが思っているほど強くない。

悪条件が重なればどんな人でも心身の健康を失ってしまうから気をつけてね。

寝ろ。食べろ。動け。たくさん遊んでたくさん笑え。約束だぞ。

30

睡眠時間の死守

7時間睡眠を死守しよう。この7時間は絶対に譲《ゆず》るな。1日は24時間ではなく、7時間を差し引いた17時間と考えるんだ。24時間と考えるから時間配分が複雑になり睡眠時間が犠牲になる。17時間の枠内で時間配分するのだ。睡眠不足が心身に与える悪影響を考えると寝不足は自分で自分を虐待《ぎゃくたい》してるようなもんだぞ。7時間睡眠は絶対死守だっ!!

シシューーーーッ!!

31

抱《かか》えている問題の99％は睡眠で解決する

メンタル不安定↓寝ろ
体調不良↓寝ろ
疲れやすい↓寝ろ
不安↓寝ろ
悩んでしまう↓寝ろ
ストレス過多↓寝ろ
集中力がない↓寝ろ
記憶力がいつもより悪い↓寝ろ
痩《や》せない↓寝ろ
アンチエイジング↓寝ろ
美肌↓寝ろ

世の中の99%の問題は寝れば解決する。

32

夜はさっさと
お布団に飛び込め！

夜になったら推しの動画を見たりゲームしたり好きなことをしろ！
そしてさっさと寝る準備をしろ！
あなたは毎日めちゃくちゃがんばってる！　１００点満点だ！
だから夜はしっかり休め！
仕事の悩みも人間関係の心配ごとも一旦すべて忘れて全力で休むのだ！
すべては明日の自分がなんとかしてくれるから心配すんな！
一日をがんばったあなたには休む権利がある！
余計なことはゴチャゴチャ考えるな！
休め！

33

考えるな

寝ろ！

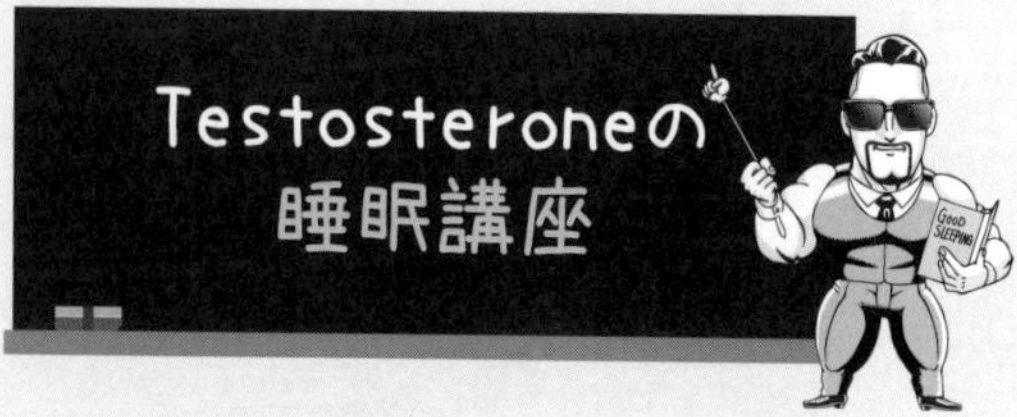

どうしても寝れない人、睡眠の質が悪いと感じているあなたはぜひこの資料を読み込んで実践してみてくれ！エビデンスに基づく最強の睡眠ガイドラインだ！

お約束しよう。睡眠の質が改善すれば人生の質も改善するぞ。

睡眠は最強のソリューションである！

詳しくは
こちら！

あなたの人生の主役はあなただ

Chapter. 4

言わせんなよ、休め。

34

他人が望む自分を演じるな

皆さん忘れがちですが泣いても笑っても人生は一度きりです。

やりたくないことをやっている時間も、やってみたいことを先延ばしにしている時間も、周りの目を気にして偽《いつわ》りの自分を演じている時間もありません。

あなたの人生の主役は誰がなんと言おうとあなたです。やりたいことをやっていきましょう。主役は主役らしく自分の思い通りに生きましょう。

35

「自分のために生きる」5箇条

人生が楽しくない人はこの5つ意識してみて。

①嫌われてもいい。誰からも嫌われないとか不可能
②生まれてきたら引き返せないのが人生だ。楽しんでおかないと損
③誠意のない人間は相手にするな。疲れるだけ
④前を向いて生きていれば明日はきっといい日になる。大丈夫
⑤筋トレすればなんとかなる。筋肉は神

36

希望だけは持ち続けろ

人の心が折れるのはつらく苦しいときではなく希望を失ったときだ。

希望さえあればどんな困難でも乗り越えられるが、希望を失えば一気に崩壊してしまう。

だからどんなときも希望だけは絶対に捨てるな。

希望を持ち続けろ。

あなたの未来は明るいし、前向きに生きてればいいことだって必ずある。

覚えておいて。あなたのストーリーのハッピーエンドは確定してるんだぜ。

37

その痛みは必ずやわらぐ

つらいときは思い出して。

今がどれだけつらくても時間が経てば痛みは必ずやわらいでいく。
少しずつ笑顔が戻ってくる。

そして、そのつらさを克服《こくふく》できたとき、あなたはより強く、より優しい人間になれる。

だから、どんな状況でも自分を信じて前向きに考えて。
大丈夫。あなたの未来は明るい。めっちゃ明るい。

38

人生ゲームのゴール

人生とは他人を満足させるゲームではなく自分を満足させるゲームだ。
考えてみてよ。他人とは一時的なつき合いだけど自分とは一生のつき合いだよ。
自分で自分をどう思うかのほうが100倍大切ですよ。
他人にどう思われるかとかそんなコントロールできないことはどうでもよくて、
他人は気にせず自分の人生を生きましょう。

39

自分の人生の責任は自分でしか取れない

自分の生き方に関して他人に何か言われたときは、「あなたが私の人生の責任を取ってくれるの？　そうじゃないなら黙ってて」で終わらせていい。

自分の人生の責任は自分にしか取れないのだから、自分の人生をどう生きるか決められるのは自分しかいない。超シンプルで当たり前の話だ。

あなたには自分の生き方を自分で決める権利がある。

40

自分を愛せたら、それだけで最高

他人にどう思われるか気にしすぎるのをやめろ。
他人にどう思われようとあなたの人生には1ミリも関係ない。

いつかはあなたの人生から去っていく他人にどう思われるかよりも、一生一緒にいる自分で自分をどう思うか気にしたほうがいいぜ。

自分で自分を愛せるならそれで完璧。人生一度きり。他人の評価なんて気にせず好きに生きろ。自分ウケを狙《ねら》っていけ。

41

心にゴリラを忍ばせろ

不安や心配で頭がいっぱいのときは「もしゴリラならどうするか？」と考えると、「ゴリラはこんなことで不安にならないし心配もしない。とりあえずバナナでも食って落ち着こう」

という結論に至《いた》り不安や心配が消えます。

私はこれを無敵のゴリラ思考と呼んでいます。どうぞ使ってください。

人間はゴチャゴチャ考えすぎる。みんなゴリラになろう。

42

「絶対できる」と自分で自分を洗脳せよ

できると思えばできるし、できないと思えばできない。

「自分ならできる」と信じ込むマインドセット、みんなが考えている100倍はパワフルだし大切だよ。まずは信じろ。自分なら絶対できると自分自身を洗脳しろ。

そして誰に何を言われても自分を信じ続けろ。すべては信じることから始まる。信じろ。我々に不可能などない。あなたに不可能などない。

43

感謝は幸せへの近道

とてもとても大事な話をします。

幸せになるための唯一にして最強の習慣は感謝です。

感謝することによって人は初めて自分がいかに恵まれているか、周りの人にどれだけ支《ささ》えられているか、幸せであるかを認識できるようになります。

「ありがとう」と言う数が増えれば増えるほど、あなたの人生はどんどん豊かで幸せなものになっていきます。保証します。

当たり前の日常や些細なことにも感謝できる人は必ず幸せになれます。

というか、それができる人はもうすでに幸せであると言ってもいい。

オススメは、夜寝る前にお布団の中で2～3分感謝する時間を作ること。

家族、友人、健康、推し、感謝する対象はなんでもいい。一日の終わりを感謝というあたたかい感情で満たすんだ。

心の中で思ってもいいし、声に出してもいい。これをやると、「自分の人生も悪くないな……」と思えてあたたかいホッコリした気持ちで眠りにつける。

感謝を忘れずハッピーに生きていこうね。
みんなの幸せを願ってるね。

Chapter. 5

職場でも、休め。

仕事のために人生があるのではなく
人生のために仕事がある

44

仕事の悩みは勤務時間内に！

【超大切なお知らせ】

勤務時間外に仕事の悩みや職場であったイヤなことを考えても給与は1円も発生しません。自宅で仕事したり職場のことで悩むとか人生の損失です。仕事や職場の心配は勤務時間中に給料もらいながらしたほうが断然お得。明日のことは明日悩めばいいので今夜はうまいもんでも食べてさっさと寝ましょう！

45

仕事が大変なのは当たり前？

そんな簡単に仕事やめたり転職できないのはわかってるけど、最低でも睡眠時間7時間と趣味の時間1時間ぐらいは確保できない職場なら心身ぶっ壊されないうちに真剣に退職と転職考えたほうが良いよ。

そのうち心か体が壊れちゃうし、運良く壊れないとしても7時間眠れない、1時間趣味に使う時間すらないってそんなの会社から人権奪われてるも同然だよ。そこにいても絶対に幸せは待ってないから勇気を出して動こう。動く気すら起きないならそれはもう既にだいぶ疲れてる証拠なので、しばらく失業保険もらいながら休んで先のことを考えるぐらい大胆《だいたん》なことしてもいいと思うよ。どうかすべてがうまくいきますように。

46

生きてるだけで
超エラい

仕事してるといろいろある。

プライベートでは関わりたくない人とうまくやっていかなきゃいけないこともあるし、頭を下げたくない相手に頭を下げなきゃいけないこともあるし、やらなきゃいけない作業はたくさんあるし、もうとにかくいろいろある。

「はぁ……疲れちゃったな……」と感じることもあると思うんだけど、そんなときは思い出してほしい。あなたはもう十分にがんばっている！　がんばった人しか疲れないのだ！　ということで、もっとがんばるんじゃなくて休もう！　仕事してるだけで、いや、生きてるだけであなたはエラい！　超エラい！

47

連休の過ごし方［序盤］

連休の初日に遊んだりノンビリしたりすることしか考えてないやつは反省したほうがいい。

みんなが休んでるときに努力できる人が成功する。
これは成功者の常識だぜ？
成功したいくせに努力すらできないやつは反省して俺を見習え。

俺の連休初日はだいたい、ＹｏｕＴｕｂｅでパンダやゴマアザラシ（正式名称ゴマフアザラシ）の赤ちゃんの動画視聴で始まり、午後はスイーツバイキング行ったりしてる。連休初日大好き。

48

連休の過ごし方［中盤］

連休の初日ぐらいはまあ休んでもいいだろう。だが中日《なかび》はダメだ。中日にダラダラしたり遊ぶことしか考えてないやつは何してもダメだ。

みんなが休んでいるときこそ周りと差をつけるチャンス。
これはグローバルでは当たり前のルールだぜ？
ダラダラしているやつは反省して俺を見習え。

俺の連休中日はだいたい、Ｎｅｔｆｌｉｘでずっと見たかった韓国ドラマをイッキ見することから始まり、午後はパンケーキ食べに行ったりしてる。連休中日大好き。

49

連休の過ごし方［終盤］

連休初日と中日ぐらいはまあ、休んでもいいだろう。だが、肝心なのは連休最終日だ。連休最終日は己に対して問いを立て、人生の進路を見直す日だ。

もしあなたが連休最終日に「明日の仕事イヤだな……」とか思っているなら、それは天職に出会えてない証拠だ。

人生の大半は仕事なのに、そんなのもったいなさすぎるだろ？　やりがいのある仕事を、胸をはって天職だと言える仕事を探したほうがいいぜ。

俺？　連休最終日の俺の心はたいてい死んでるよ。お休みに勝る仕事などない。

３６５日ずっとお休みならいいのに……。

50

連休明け　～各企業様へ～

企業の皆様、聞いてください。
運動前はウォームアップをしないと怪我《けが》をしますよね？　仕事も同じです。
連休明けにはウォームアップ期間を作らないと心が怪我をします。
連休明けは午後出勤半日稼働《かどう》にしましょう。
やれない理由は聞きたくありません。
がんばればできるはずです。やりましょう。よろしくお願い致します。

51

超一流のサボリストになれ

「サボる技術」って超大切だよ。

成功したければサボりのプロになろう。

適度にサボるから無理のない範囲で長期的に継続できて、継続できるやつは安定して成長するから成功する。

サボりまくれって話じゃないからね。本気を出すべきときと、手を抜いていいときを的確に見極めてサボれそうなときはがっつりサボれって話だ。

上手にサボれ！

52

忠誠心を持たない

忠誠心ってのはあなたを現在進行形で大切にしてくれている人や会社に対して持つべきものであって、あなたを雑に扱ってくる連中に対して忠誠心なんて持ったらダメだよ。

はるか昔の出来事や義理人情を持ち出して、あなたに負《お》い目を感じさせてコントロールしようとしてくる連中の言いなりになる必要なんてないからね。

忠誠心を持つ相手は選ぼう。

53

大切にされないことに慣れない

あなたを大切にしてくれる人と仲良くしてください。
あなたを大切にしてくれる会社で働いてください。

あなたは大切にされるためにこの世に生まれてきたんだよ。

あなたを大切に扱わない人にあなたと時間を過ごす資格はないよ。

雑に扱われることを受け入れないでね。
大切にされないことに慣れないでね。

54

離れる勇気

あなたを大切にしてくれない人や会社から離れることに後ろめたさを感じる必要なんて1ミリもないからね。

悪いのはあなたを大切にしなかった人や会社であって、あなたは何も悪くない。あなたを大切にできない人にあなたと関わる権利はない。

相手の都合とかタイミングとか一切気にしなくていいから、速やかに離れましょう。

55

いい会社＝いい上司ではない

どんなにいい会社に入れたとしても、モラルのないパワハラ気質な人間があなたの上司になる可能性というのは人生において絶対に排除できないリスクだ。

こればっかりは運。

そういう人間の下につくと人生なんて簡単に狂っちゃうから耐えたらダメだよ。

人事に掛け合うなり、転職活動をするなり、どれだけ大変でも人生の方向転換をなるべく早く考えたほうがいいよ。

56

怒《ど》鳴《な》る指導は最低最悪

怒鳴る系の指導をする人にお伝えしたいんだけど、怒鳴って指導するのって最悪で、人は怒鳴られると命の危険を感じて脳がパニックになる。

で、脳がパニックになると、じっくり考えたり物事を理解したりすることができなくなる。

そんな状態で何を言ってもその人は何も学べない。

怒鳴るのはやめよう。怒鳴る指導は撲滅《ぼくめつ》しよう。

ってか、他者に恐怖を与えている時点でそれは指導ではなく恫喝&暴言です。怒鳴るって本当に不毛でダサい行為です。そこんとこよろしくお願いします。

57

仕事で嫌いな人への3ポイント

怖い上司や取引先、苦手な人がいるならこの3つを意識してみて。

①人体の8割は水分とタンパク質。そう、つまり人はほぼほぼしゃべるプロテイン！

②どんな人も所詮《しょせん》は70キロ前後。重さ的には70キロのバーベルと同じ！鍛えたら簡単に持ち上がる！軽い！

③筋トレして強くなれ。いざというときは相手をぶっ飛ばせると思っておけば全能感が溢れ出して心に余裕ができる！

58

偉《えら》そうな上司や取引先はだいたい小物

これは覚えておくといいんだけど、人は偉くなればなるほど偉そうに振る舞う必要がなくなって謙虚《けんきょ》で優しくなるし、賢《かしこ》くなればなるほど自分がいかに何も知らないか気づけて断定口調で話さなくなる。

あなたが仕事をしていて出会う偉そうでムカつくやつは実際はたいして偉くない小物だし、断定口調で話すいけ好かないやつは間違いなくただのバカだよ。

お前ら、俺のありがたい話が聞けてよかったな！　今後の人生に活《い》かせよ！

59

退職代行の
なにが悪い

どうしようもなく追い込まれて退職代行を使う人って、自分自身に対して「情《なさ》けない」「逃げちゃった」「不義理をした」みたいな感情を持つ人が多いんだけど、全然そんなことないよ。

退職代行サービスを使って退職とかめちゃめちゃがんばっているし、ぜんぜん弱くなくて行動力あって超立派だよ。

退職代行は次に向けて動き出すための前向きなムーブなんだから、臆《おく》せず使おうぜ！

Chapter.
6

人付き合いを、休め。

人間関係の質＝人生の質である

60

友達は尊敬できる人を選べ

友達は厳選しろ。

他者と友情を構築するには多大なる時間、感情、労力が必要だ。

そして友達はあなたの思考、立ち振る舞い、生活習慣に対して強烈な影響力を持っている。

よって、選択を間違うとあなた自身の人格や人生に悪影響を及ぼす。

友達の8割は尊敬できる人で固めろ。

友達の質＝人生の質。


友達はあなた自身を映し出す鏡だ。

61

嫌いな人に使う時間は無駄

一緒にいて楽しくない人やテンション下がる人がいるなら会うのをやめよう。関係をバッサリ切ろう。

人生は短い。

嫌いな人の相手している時間なんて1秒もない。
嫌いな人に時間を使ってたら好きな人のために使う時間がなくなる。テンション下がる上に時間まで削《けず》られるとかダブルで損。

嫌いな人はほっといて好きな人を全力で大切にしよう。

62

好かれなくて好都合！

速報です！

嫌いな人や気が合わない人に嫌われてもノーダメージということが発覚しました！

冷静になって考えてみてください！　嫌いな人や気が合わない人と会えなくなっても1ミリも問題ありません！　むしろ空いた時間で好きな人や気が合う人と会えるから好都合です！

無理して好かれようとする必要も合わせようとする必要もないのです！

嫌いな人や気が合わない人はほっときましょう！

63

根はいい人なんて存在しない

「根はいい人」とか、「本当は優しい人」とか、そんなもんないから。
いい人はいい人だし、優しい人は優しい人だから。

根はいい人＝オモテは悪い人、
本当は優しい人＝普段は優しくない人

ってことだ。
そういうやつはいい人でも優しい人でもない。
それはただの悪い人だ。

人間は日頃の行いがすべてです。よろしくお願いします。

64

嫌われても気にしなくていい理由

嫌われても気にするな。

あなたがいいとか悪いとかじゃなくて、相性の問題だから。

カレーとケーキは別々で食べたら最高だけど、カレーの中にケーキを入れたら最低でしょ？　合わないでしょ？　それと同じ。

どうしても合わない組み合わせってあるもんだよ。

合わない人に嫌われるたびに気にしてたら疲れちゃうよ。

65

話が通じない相手は2秒で見切れ

「あぁ、この人は話が通じないな」って感じの人に出会ってしまったら2秒であきらめて感情オフモードに入りましょう。

マジメな人ほどわかり合おうと努力するから体力と感情をゴッソリ持っていかれて疲れてしまう。

わかり合うには双方《そうほう》の歩み寄りが必要で、相手にその気がないならわかり合うとか無理だから。サクッとあきらめちゃいましょう。そちらのほうがメンタルに良いよ。

66

感情オフモードが無理なら調査員モード

うまく感情オフモードに切り替えられませんって人には、調査員モードへの切り替えをオススメしています。

「話が通じない新種の人類発見！　この人はどれぐらい話が通じないのか調査します！」って感じで妄想しながら会話を続けると、話が通じなければ通じないほど面白くなってきてウキウキできます。

後でネタにもなるし完璧です。

67

人間関係はバランスが大切

どれだけ好きでも、どれほど愛していても、相手にその気がないなら離れましょう。

一方通行の思いはあなたの心をボロボロにするよ。

人間関係って残酷《ざんこく》なもので、バランスが取れてないと成立しないんだ。

その人はあなたにとって運命の人かもしれないけど、あなたがその人にとって運命の人だとは限らない。

68

他人の批判ばかりしてるやつはモブキャラだ

他人の批判ばかりしているやつはモブキャラとして人生を終える。
自分の人生を生きてたら他人にケチつける時間なんて1秒もないはずだ。
批判するやつは自分の人生を生きてない暇人《ひまじん》だけ。
主役は批判されている側なんだから、主役は主役らしく堂々としてろよな。
相手するだけ時間と感情の無駄だから批判されてもほっとけ。

69

悪口は自分を滅《ほろ》ぼす

悪口、陰口《かげぐち》、ウワサ話、愚痴は自分を滅ぼす。

まず周りの人に嫌われて避けられるようになる。
そして、周りに残るのは負《ふ》のオーラを持った似たもの同士ばかりになる。
最後に、愚痴ばかりの自分に嫌気《いやけ》がさして自分で自分を嫌いになってしまう。

悪いことは言わないからネガティブな感情が湧いてきたら筋トレしよう。汗と一緒にネガティブな感情も流れ出ていってめっちゃスッキリするから。

70

怒っていい

「ネタなのに何マジになってるの？」「冗談じゃん。怒るなよ」とか言う人たち。ネタや冗談になってないからマジになってるし怒ってるんだよ。怒られて当然のことしてるのは自分たちなんだよ。

それを相手のせいにしたらダメでしょ。
誰かを怒らせちゃったときの言い訳として一番ダサいやつでしょ。

まず素直に謝《あやま》って。そして反省して。で、二度とやらないで。

71

自分の品格を下げない

ウワサ話や陰口であなたの足を引っ張ってくるやついるだろ？　ほっとけ。

足を引っ張るってことはあなたの下にいる証拠だ。

わざわざ自分の品格を下げてまで相手しても損するだけ。

ほっといてそのままずっと下にいてもらえばいいし、あなたはもっと上を目指してがんばったらいい。

そうすりゃそのうち勝手に視界から消えるよ。

72

「ガッカリした」は相手の都合

「ガッカリした」「残念です」とか言われても気にするなよな。
それ、「お前が私の思い通りに動いてくれなくてムカつく」の言い換えだから。
あぁそうですか、それは大変でしたね。私は自分の人生を生きるのに忙しいのでサヨウナラ。

で終わらせちゃっていい。

勝手にあなたのイメージを作り上げてそれを押しつけてくるやつなんてガン無視でOKです。

73

仲間のフリをした敵

「○○さんがあなたの悪口を言ってたよ」とわざわざ伝えてくる人は仲間のフリをした敵なので気をつけて。

本人に伝えてもイヤな気分になるだけなのに伝えるってことは、あなたを傷つけたいか、あなたと誰かを揉《も》めさせたいか、ただ単に空気の読めない人か。

いずれにせよ、そんな人と関わっても何もいいことないから関わらないほうがいいよ。

74

悪口や批判は心の中に招《まね》き入れない

他人からイヤなことを言われたときの正しい反応は、
お前はどこのどいつだ、消え失せろ。
だよ。
知らない人を玄関に招き入れないよね？
知らない人の発言も心の中に招き入れたらダメだよ。
特にＳＮＳでは相手の顔が見えないからって他人に酷《ひど》いことを言う人も多い。
何か言われるたびに気にしてたら疲れちゃうからシカトしましょう。

75

SNS疲れを防ぐ5箇条

①反対意見は必ずある。気にするな

②嫌われてもいい。好きな人とだけ繋がれるのがSNS最大の利点

③人格否定はすべて無視。読む価値なし

④誤解されることを恐れない。不特定多数に発信している以上、誤解は避けられない

⑤過度のSNS依存になってるならダンベルでスマホを破壊してその流れで筋トレ！ 筋肉は裏切らない！

76

自分のために相手を許そう

許せないやつがいる人はそいつを許そう。許せないならせめて忘れよう。

過去に囚《とら》われていると前に進めない。憎むのをやめないとあなたの人生が楽しくなくなってしまう。

過去に自分を傷つけた人に未来の自分まで傷つけさせるなんて悔しいじゃん。

それこそ許せないじゃん。

相手はどうでもいい。自分のために忘れよう。

ソイツのことは記憶から抹消《まっしょう》して、心の平穏《へいおん》を取り戻そう。

77

幸せが最強のソリューションである

とても大切な話をします。

お世話になった人への最高の恩返しはあなたが幸せになることだし、許せない人への究極の復讐もまた同様にあなたが幸せになることです。

難しいことは1ミリも考えなくていいのでとにかく幸せになってください。

幸せになることに集中して生きていけばその過程ですべてが解決します。

あなたは幸せになるためにこの世に生まれてきたんだよ。そうじゃない人なんて地球上に1人も存在しない。どうかそれを忘れないで。

きっと幸せになってね。笑顔でいてね。

約束ね。

78

価値観の押しつけ＝カルト宗教の勧誘《かんゆう》

結婚しない人は不幸だとか子どもを作らない人は不幸だとか言ってくる人もいると思うけど、気にしなくていいからね。

そんなふうに価値観を押し付けられたときは、「あー、またカルト宗教の勧誘だ……」ぐらいに思って聞き流しちゃえばいいよ。

「〇〇しないと幸せになれない」とか、完全にカルト宗教の勧誘と同じでしょ？

そもそも価値観は人それぞれなのに、自分の価値観を基準にして他人の人生に口出してくるとかふざけんなって話だよね。

あなたはあなたの好きに生きて最高の人生を送ってね。

79

学校や職場に馴染《なじ》めなくても心配しないで

俺はよく、「学校に馴染めません。つらいです。社会に出るのも怖いです」って相談を受けるんだけど、そのたびに、

「学校という狭い世界とあなたの相性が悪かっただけで、
広い世界にはあなたにピッタリの場所が必ずあるよ。
学校に馴染めなかったからといって、
あなたが周りと比べて劣っていることにはならないよ」と伝えている。

これは慰《なぐさ》めとかじゃなくて、100%本気でそう思って言っている。

さらに、学生さん本人じゃなくてご両親に相談されることもあるんだけど、人によっては「このままだと今後の人生お先真っ暗」とか、「恥ずかしい」的な姿勢で話をしてくることがあるんだけど、そんな感情は絶対に持ってほしくない。

「人ごとだから言えるんでしょ」って言われちゃったらそれまでだけど、環境に合う合わないってどうしてもあるもんだから。魚も陸上にいたら死んじゃうけど、水の中ならスイスイ泳げるでしょ？　それと同じだよ。

自分の可能性を信じてあげてください。その子の可能性を信じてあげてください。**合う場所さえ見つかれば最高の人生が待ってるから。**俺、そういう人たくさん見てきたから。信じてよ。絶対に大丈夫だから。ちなみに、これは学校だけの話じゃなくて、職場など他の環境も同様です。

気分が乗ってるときにやっとけ！

Chapter.
7

「お、がんばれる」な時期にしたいこと

80

誠実さという土台を作る

断言する。全能力の中で最も大切なのは誠実さだ。

どれだけ優秀な人でも誠実じゃないならすべて台無し。

他の能力は誠実さという土台の上にのみ成立する。

どんなときも誠実であれ。

常に誠実でいるのは大変だが、誠実さは大変な思いをしてでも守り抜く価値のある能力だ。誠実が一番。誠実が最強。

81

「殺す気精神」を育む

死ぬ気でやるな。殺す気でやれ。

「嫌われたらどうしよう……」ではなく、「自分の良さが理解できないセンス悪いやつはどうでもいい。こっちから願い下げ」というマインドを持て。

「いやがらせが怖い……」ではなく、「倍返しにするぞボケ。覚悟してかかってこい」というマインドを持て。

人生は常に強気でいけ。弱気など不要。強気だ。圧倒的強気でいくのだ。

82

調子に乗る

他人を見下さなければいくらでも調子に乗っていいんだよ。

「調子に乗る」と「他人を見下す」をセットでやっちゃうのが問題なのであって、他者への敬意さえ忘れなければ好きなだけ調子に乗っていい。ってか、ガンガン調子に乗るべき。

自信満々でいろんなことに挑戦するのは素晴らしいことだよ。

調子に乗れ！

83

やりたいことは全部やる。今すぐやる

「仕事が落ち着いたら」「老後の楽しみにとっておく」的な思考はマジでやめたほうがいいぞ！

俺はそう言ってやりたいことを先延ばしにしてきた人がさまざまな理由で結局実現できずに超後悔するケースを何度も見てきた！

感謝を伝えたい人がいるなら感謝を伝えろ！
好きな人がいるならさっさと告白しろ！
挑戦したいことがあるなら、今すぐ挑戦しろ！

行動に移すのには勇気がいるし痛い目もみるかもしれないが、やらなかった後悔の方がやる後悔の１００億倍は強烈だぞ！　やれ！　ナウ！

84

恐怖と友達になる

これは知らない人が多いんだけど、恐怖ってのはやる直前がピークなんだよ。

バンジージャンプでもスカイダイビングでも飛ぶまでが一番怖くて飛んでいる最中は楽しさが勝つもんだ。

躊躇《ちゅうちょ》して怖がる時間が長くなればなるほど恐怖は膨れ上がる。

恐怖の先には快楽が待っているのに、勝手に不安になって自分を苦しめているわけだ。損でしかない。何かやるときはビビらずに速攻でやれ。

一度体験したら完全に理解できるから、バンジージャンプかスカイダイビング飛んでみるのもいいぞ。怖いもんがなくなる。

85

推しを見つける

俺は推し活が世界を救うと思ってるんだけど、理由は推しができた知人たちがみんなめちゃくちゃ楽しそうで、なんか若返ってて、推し仲間である気心《きごころ》知れた最高の友人ができてて、推しを推すために仕事にも燃えてて感じで、推しの存在がその人の人生を良い方向に激変させたのを何度も見てきたからです。**推し活はマジで尊い。**

推しを見つけて全力で推しましょう！（自分のお財布と相談しながらね！　必ずしもお金をかける必要はないよ！）

86

複数の世界を創造する

世界をいくつも持っておけ。

仕事の世界、家族や友人との世界、趣味の世界、恋愛の世界などなど。
で、これらを一つの世界としてではなく別々の世界として考えろ。

どれか一つでも好調ならその世界に行けば幸せだ。
どれか不調でも別世界に避難すれば耐えられる。

同時にいろんなスマホゲームをやってるぐらいの感覚で気楽にゆる〜くやっていこう。

87

最高の人を目指す

職業なんてなんでもいい。収入だって最低限あればそれでいい。そんなことよりも、人の痛みがわかり、みんなの幸せを心から願うことができ、困ってる人がいたら迷わず手を差し伸べられ、誠実で、当たり前の日常にも感謝を忘れず、いつもご機嫌でそこにいるだけで周りの人を安心させられる。笑顔にできる。そういうことのほうが100万倍大切。そういう人が最高。そういう人を本当に尊敬してるし、そういうものにわたしはなりたいし、みんなにもなってほしい。

88

やはり筋トレ。筋トレはすべてを制する

筋トレすれば、

①体がカッコ良くなる

②モテる

③ホルモン分泌で気分爽快

④快眠できて体力全快

⑤恋人にフラれても筋肉は裏切らないので鋼のメンタルが手に入る

⑥上司も取引先もいざとなれば葬《ほうむ》り去れると思うと心に余裕が生まれる

以上の理由から人生が半端じゃなく楽しくなるぞ！　筋トレしろ！　筋肉は裏切らない！　筋トレしてみたい！　ってなった人はこのアプリでやってみてくれ！

俺が監修した世界一の筋トレアプリだ！　正しい睡眠習慣も学べるぞ！　しかもしかも！　筋トレ機能は無料で使えるから安心して使ってくれよな！

ココから
アクセス！

おわりに

あなたはもう休息マスター

さて、ここまで読んでくれたあなたにはもう多くを語るつもりはない。
最後にシンプルな言葉を送ろう。

寝ろ！

食え！

動け！
遊べ！

それでも疲れたときは……

休め！

盛大に休め！

Testosterone

Testosterone
（テストステロン）

1988年に日本で生まれ、高校生の時に渡米し大学を卒業するまでアメリカンライフを謳歌し、現在はアジア全域に生息する筋トレ愛好家。高校時代は110キロに達する肥満児だったが、高校2年生の時に渡米した際に筋トレと出会い40キロ近いダイエットに成功する。自分の人生を変えてくれた筋トレと正しい栄養学の知識が広まれば世界はよりよい場所になると信じて、あの手この手でただひたすらに宣教活動を続けている。X（旧 Twitter）でいい感じの人生観を呟きがちで、やたらとフォロワーが多い。

●X（旧 Twitter）アカウント
Testosterone（@badassceo）

とにかく休め!

休む罪悪感が吹き飛ぶ
神メッセージ88

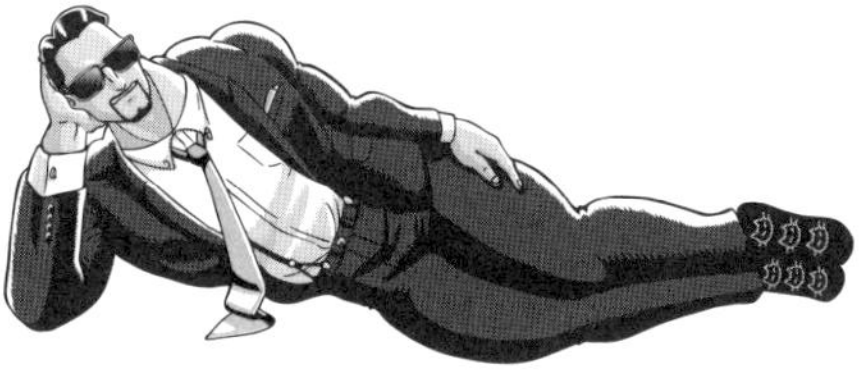

2024年2月15日　第1刷発行
2024年7月11日　第7刷発行

著　者　Testosterone
発行者　櫻井秀勲
発行所　きずな出版
東京都新宿区白銀町1-13　〒162-0816
電話03-3260-0391　振替00160-2-633551
https://www.kizuna-pub.jp/

イラスト　福島モンタ
装　丁　金井久幸［TwoThree］
D T P　TwoThree
印　刷　モリモト印刷

ISBN978-4-86663-236-0